Impressum
Verlag: BABADADA GmbH, Nedderfeld 112 , 22529 Hamburg
Geschäftsführer / Verlagsleitung: Harald Hof
Druck: Books on Demand GmbH, In de Tarpen 42, 22848 Norderstedt

Imprint
Publisher: BABADADA GmbH, Nedderfeld 112 , 22529 Hamburg, Germany
Managing Director / Publishing direction: Harald Hof
Print: Books on Demand GmbH, In de Tarpen 42, 22848 Norderstedt, Germany

# škola

# shkolla

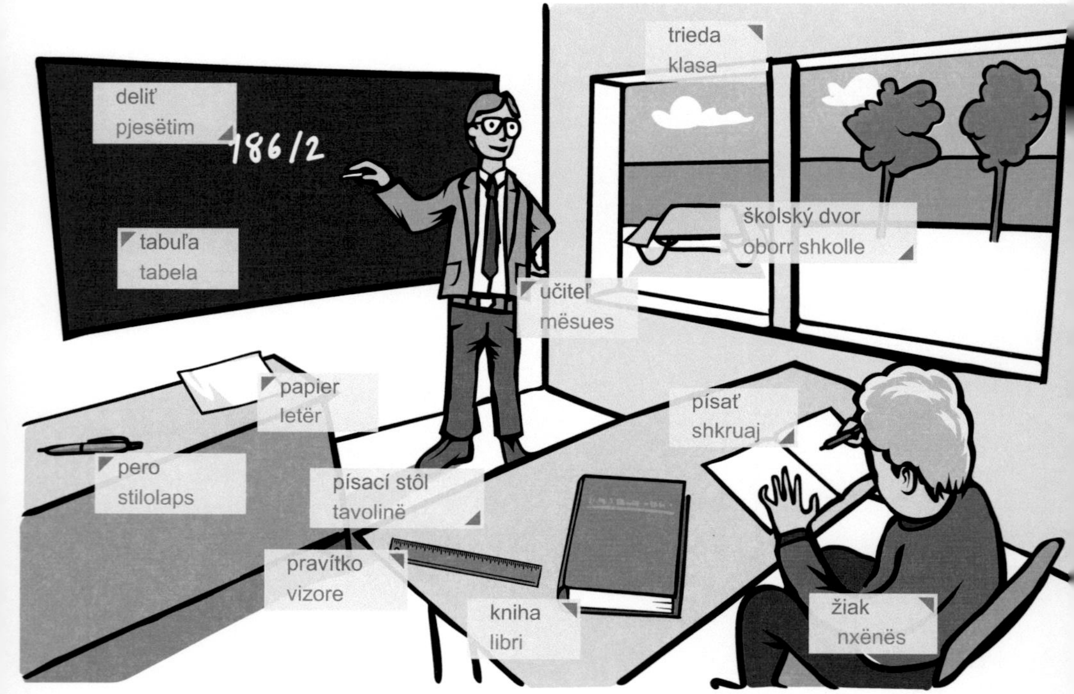

trieda
klasa
deliť
pjesëtim
186/2
tabuľa
tabela
školský dvor
oborr shkolle
učiteľ
mësues
papier
letër
písať
shkruaj
pero
stilolaps
písací stôl
tavolinë
pravítko
vizore
kniha
libri
žiak
nxënës


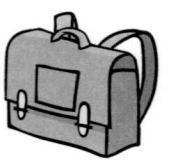

školská taška

çantë

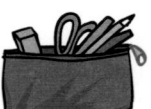

peračník

mbajtëse lapsash

ceruza

laps

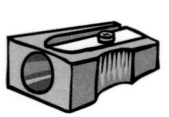

strúhadlo na ceruzky

mprehës lapsash

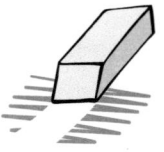

guma

gomë

skicár

fletore vizatimi

kresba

vizatim

štetec

penel

vodové farby

kuti bojërash

nožnice

gërshërë

lepidlo

ngjitës

cvičný zošit

fletore detyrash

domáca úloha

detyrë shtëpie

číslo

numër

2+2

sčítať

mbledh

5-2

odčítať

zbres

násobiť

shumëzoj

počítať

llogaris

písmeno

gërmë

abeceda

alfabeti

slovo

fjalë

text

tekst

čítať

lexoj

krieda

shkumës

hodina

mësim

triedna kniha

regjistër

skúška

provim

certifikát

çertifikatë

školská uniforma

uniformë shkolle

vzdelanie

arsimim

encyklopédia

enciklopedia

univerzita

universitet

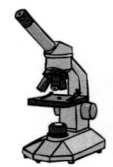

mikroskop

mikroskop

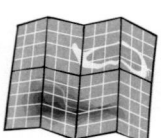

mapa

hartë

kôš na papier

kosh letrash

# cesta
# udhëtim

hotel
hotel
Grand
nocľaháreň
bujtinë
ROOMS
EXCHANGE
zmenáreň
pikë këmbimi valutor
kufor
valixhe
auto
makinë

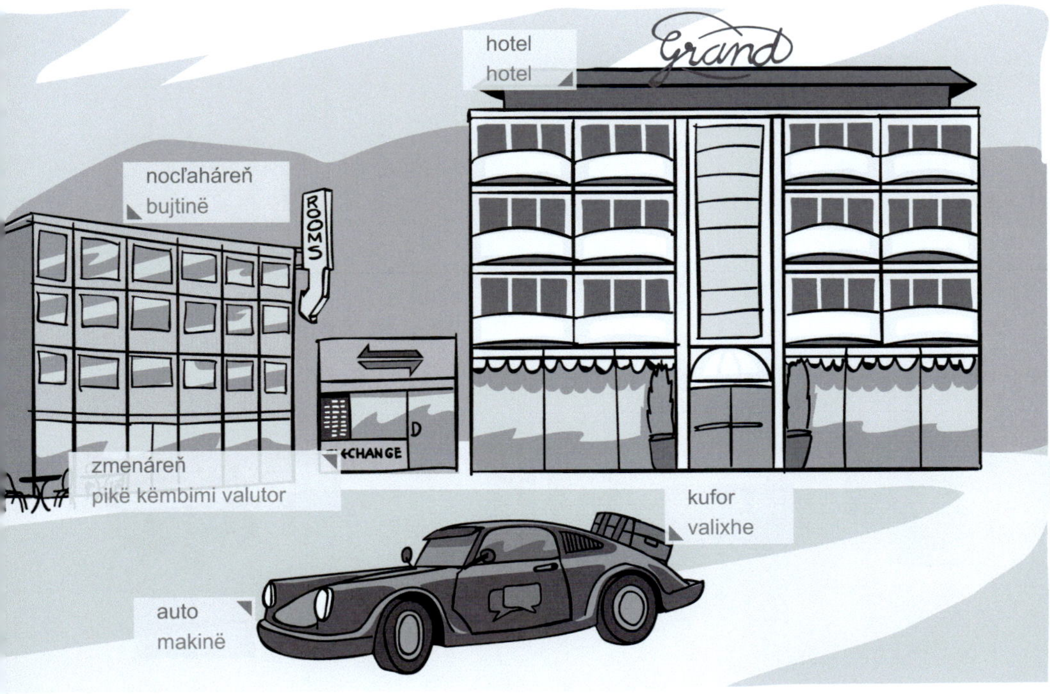

jazyk

gjuhë

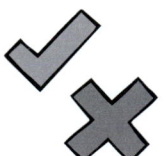

áno/nie

po / jo

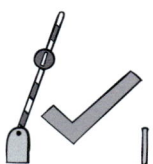

v poriadku

Në rregull

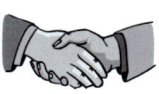

ahoj

ç'kemi

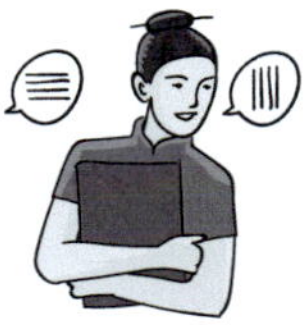

prekladateľ

përkthyes

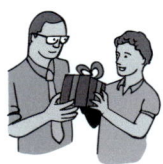

ďakujem

Faleminderit

Koľko stojí ... ?

sa kushton…?

Nerozumiem

nuk e kuptoj

problém

problem

Dobrý večer!

Mirëmbrëma!

Dobré ráno!

Mirëmëngjes!

Dobrú noc!

Natën e mirë!

Dovidenia

mirupafshim

smer

drejtim

batožina

bagazhet

taška

çantë

batoh

çantë shpine

hosť

mysafir

izba

dhomë

spacák

thes gjumi

stan

tendë

informácie pre turistov

informacion për turistët

pláž

plazh

kreditná karta

kartë krediti

raňajky

mëngjes

obed

drekë

večera

darkë

cestovný lístok

Biletë

výťah

ashensor

poštová známka

pulla

hranica

kufi

clo

doganë

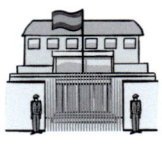

veľvyslanectvo

ambasadë

vízum

vizë

cestovný pas

pasaportë

# doprava

# transport

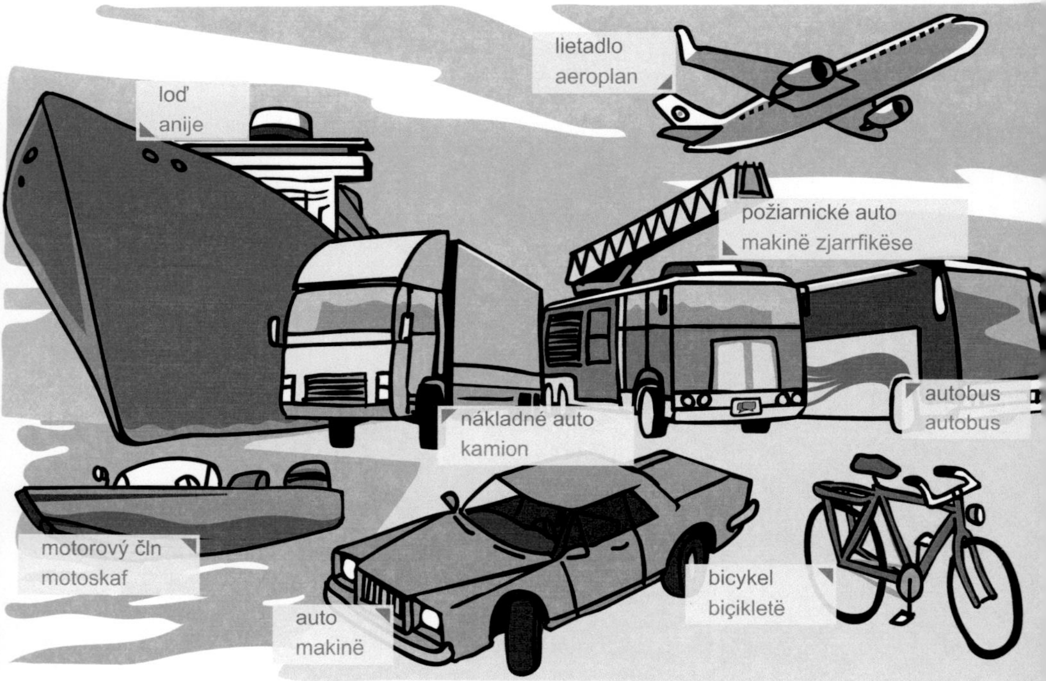

lietadlo
aeroplan
loď
anije
požiarnické auto
makinë zjarrfikëse
nákladné auto
kamion
autobus
autobus
motorový čln
motoskaf
bicykel
biçikletë
auto
makinë


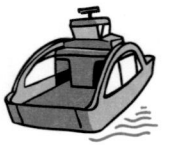

trajekt

traget

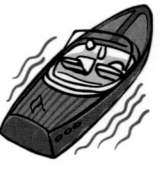

loď

varkë

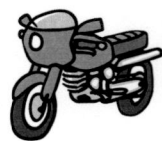

motorka

motoçikletë

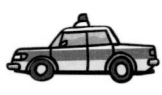

policajné auto

makinë policie

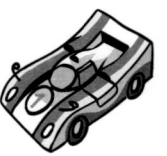

pretekárske auto

makinë garash

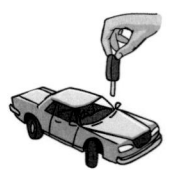

vozidlo z požičovne

makinë me qira

carsharing

darje e qirasë së makinës

odťahové auto

karroatrec

smetiarske auto

makinë plehrash

motor

motor

benzín

benzinë

čerpacia stanica

pikë karburanti

dopravná značka

sinjalistikë trafiku

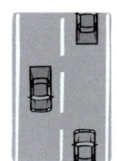

premávka

trafik

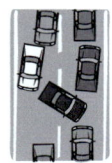

zápcha

bllokim trafiku

parkovisko

parkim makinash

vlaková stanica

stacion treni

trate

trase

vlak

tren

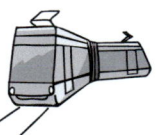

električka

tramvaj

vagón

karro

helikoptéra
helikopter

letisko
aeroport

veža
kullë

pasažier
pasagjer

kontajner
kontenier

kartón
kuti kartoni

vozík
qerre

kôš
shportë

štartovať / pristáť
ngrihem / ulem

## mesto

## qytet

dedina
fshat

centrum mesta
qendra e qytetit

dom
shtëpi

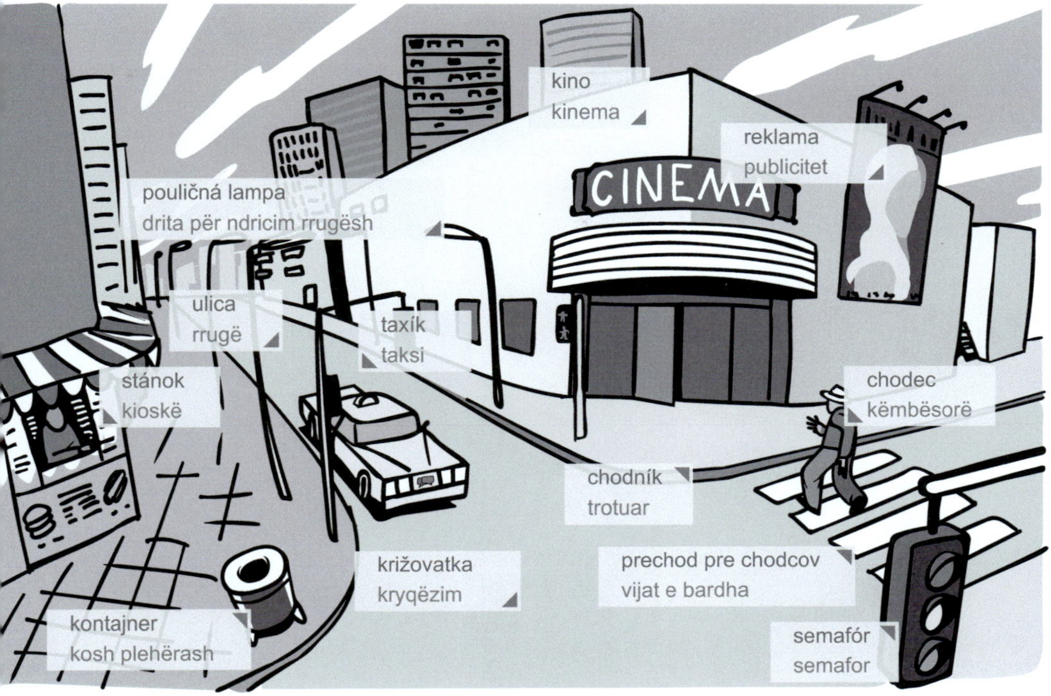

kino
kinema

reklama
publicitet

pouličná lampa
drita për ndricim rrugësh

ulica
rrugë

taxík
taksi

stánok
kioskë

chodec
këmbësorë

chodník
trotuar

križovatka
kryqëzim

prechod pre chodcov
vijat e bardha

kontajner
kosh plehërash

semafór
semafor

CINEMA

chata

kasolle

byt

apartament

vlaková stanica

stacion treni

radnica

bashki

múzeum

muze

škola

shkolla

mesto - qytet

11

univerzita

universitet

banka

bankë

nemocnica

spital

hotel

hotel

lekáreň

farmaci

kancelária

zyrë

kníhkupectvo

librari

obchod

dyqan

kvetinárstvo

dyqan lulesh

supermarket

supermarket

trh

market

obchodný dom

mapo

obchodník s rybami

dyqan peshku

nákupné stredisko

qëndër tregtare

prístav

port

park

park

lavička

stol

most

urë

schody

shkallë

metro

metro

tunel

tunel

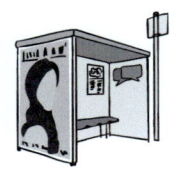

autobusová zastávka

stacion autobuzi

bar

bar

reštaurácia

restorant

poštová schránka

kuti postare

tabuľa s názvom ulice

sinjalistikë rrugore

parkovacie hodiny

kohëmatës parkimi

ZOO

kopsht zoologjik

plaváreň

pishinë

mešita

xhami

farma

fermë

znečisťovanie životného prostredia

ndotje

cintorín

varrezë

kostol

kishë

ihrisko

shesh lojërash

chrám

tempull

# terén
# peisazh

list
gjethe

smerová tabuľa
tabela orientuese

cesta
rrugë

lúka
livadh

kameň
gurë

turista
ekskursionist

strom
pemë

rieka
lumë

tráva
bar

kvet
lule

dolina

luginë

kopec

kodër

jazero

liqen

les

pyll

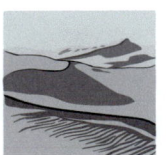

púšť

shkretëtirë

vulkán

vullkan

zámok

kështjellë

dúha

ylber

hríb

kepudhë

palma

palmë

komár

mushkonjë

mucha

mizë

mravec

milingonë

včela

bletë

pavúk

merimangë

chrobák

brumbull

žaba

bretkosë

veverička

ketër

jež

iriq

zajac

lepur

sova

buf

vták

zog

labuť

mjellmë

diviak

derr i egër

jeleň

dre

los

dre brilopatë

hrádza

digë

veterná turbína

turbinë ere

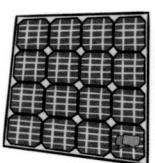

solárny panel

panel diellor

podnebie

klimë

# reštaurácia
## restorant

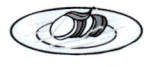

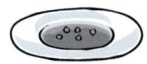

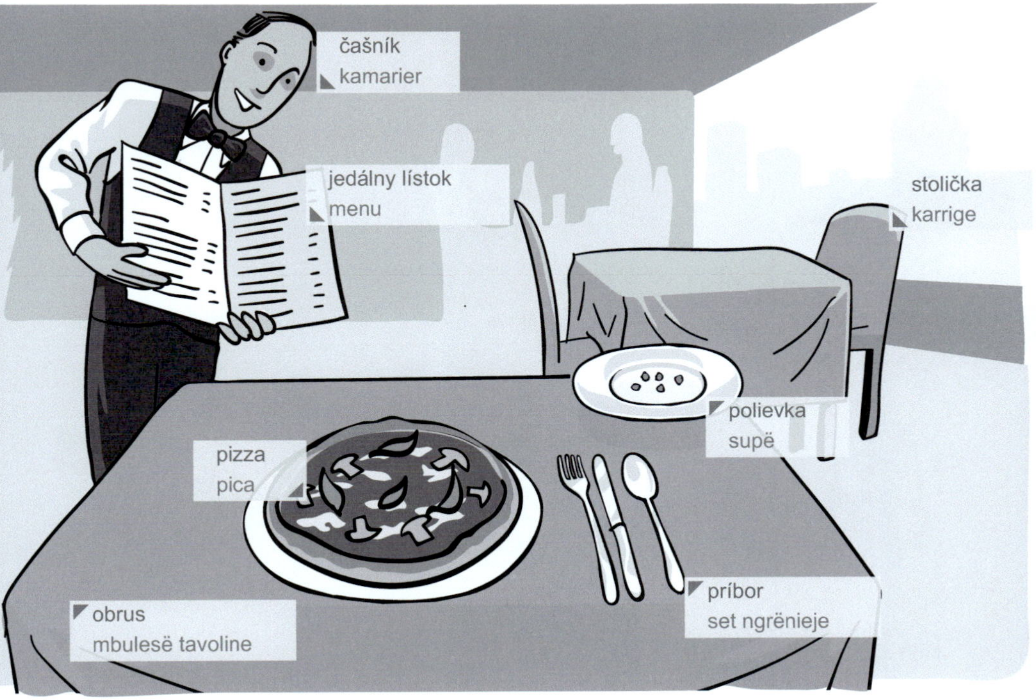
čašník
kamarier
jedálny lístok
menu
stolička
karrige
polievka
supë
pizza
pica
príbor
set ngrënieje
obrus
mbulesë tavoline

predjedlo

pjatë e parë

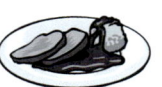

hlavné jedlo

pjatë kryesore

zákusok

ëmbëlsirë

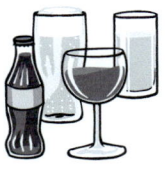

nápoje

pije

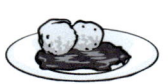

jedlo

ushqim

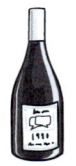

fľaša

shishe

fast-food

ushqim i shpejtë

street food

ushqim i shërbyer në rrugë

kanvica na čaj

ibrik çaji

cukornička

kuti sheqeri

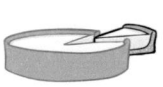

porcia

racion

stroj na espresso

makinë kafeje ekspres

detská stolička

karrige e lartë

účet

faturë

podnos

tabaka

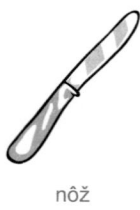

nôž

thika

vidlička

pirun

lyžica

lugë

čajová lyžička

lugë çaji

obrúsok

pecetë

pohár

gotë

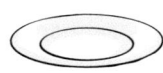

tanier

pjatë

hlboký tanier

pjatë supe

podšálka

pjatë filxhani

omáčka

salcë

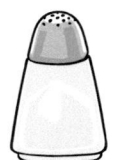

soľnička

mbajtëse kripe

mlynček na korenie

mulli piperi

ocot

uthull

olej

vaj

korenie

erëza

kečup

keçap

horčica

mustardë

majonéza

majonezë

# supermarket
# supermarket

špeciálna ponuka
ofertë speciale
FOR
klient
klient
mliečne výrobky
produkte bulmeti
ovocie
frut
nákupný vozík
karrocë pazari


BUTCHERS


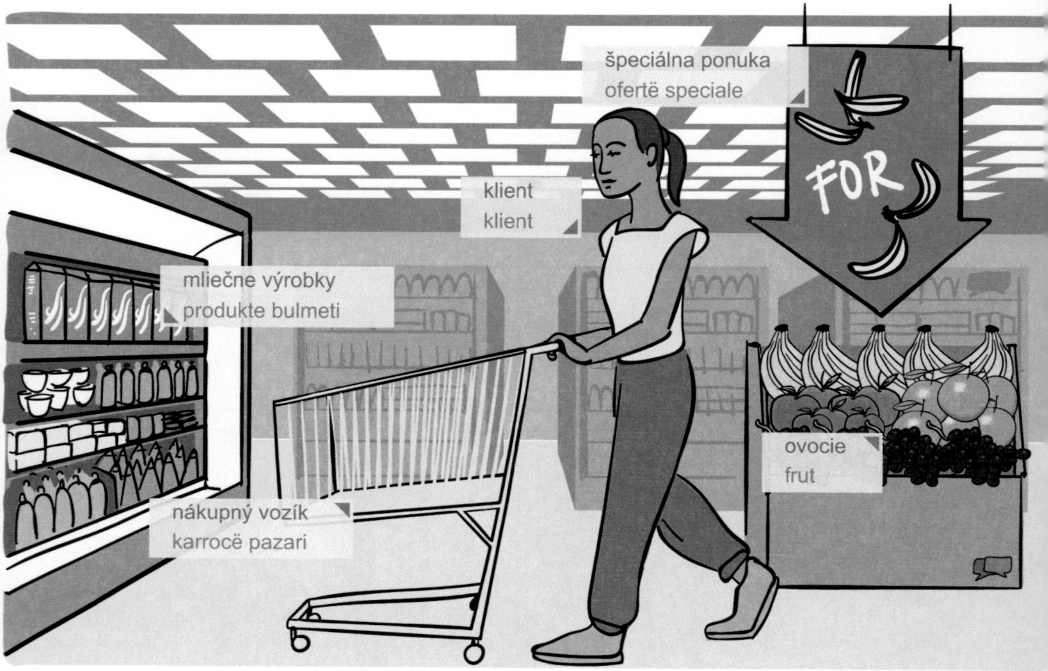

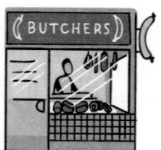

mäsiarstvo

dyqan mishi

BAKERY


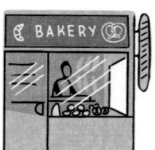

pekáreň

furrë buke

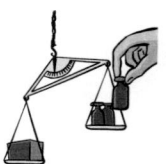

vážiť

peshoj

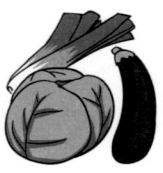

zelenina

perime

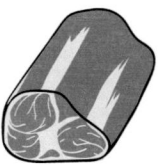

mäso

mish

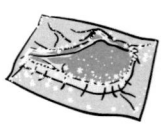

mrazené potraviny

ushqim i ngrirë

nárez

copë

konzervy

ushqim i konservuar

prací prostriedok

pluhur larës

sladkosti

ëmbëlsirat

domáce potreby

prodhime shtëpie

čistiace prostriedky

produkte pastrimi

predavačka

shitëse

pokladňa

kasë fiskale

pokladník

arkëtar

nákupný zoznam

listë blerjeje

otváracie hodiny

oraret e punës

peňaženka

portofol

kreditná karta

kartë krediti

taška

çantë

plastové vrecko

qese plastike

voda

ujë

džús

lëng frutash

mlieko

qumësht

kola

koka-kola

víno

verë

pivo

birrë

alkohol

alkool

kakao

kakao

čaj

çaj

káva

kafe

espresso

kafe ekspres

kapučíno

kapuçino

banán

banane

jablko

mollë

pomaranč

portokalle

melón

pjepër

citrón

limon

mrkva

karrotë

cesnak

hudhër

bambus

bambu

cibuľa

qepë

hríb

kërpudha

orechy

arra

rezance

makarona

špagety

spageti

ryža

oriz

šalát

sallatë

hranolky

patate të skuqura

pečené zemiaky

patate të skuqura

pizza

pica

hamburger

hamburger

obložený chlebík

sanduiç

rezeň

shnicel

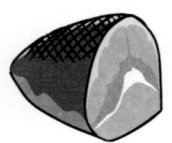

šunka

proshutë

saláma

sallam

klobása

salçiçe

kurča

pulë

pečené mäso

skuq

ryba

peshk

ovsené vločky

tërshërë

müsli

drithëra

kukuričné lupienky

kornfleiks

múka

miell

croissant

kruasant

pečivo

panine

chlieb

bukë

hrianka

tost

sušienky

biskotë

maslo

gjalp

tvaroh

gjizë

koláč

tortë

vajce

vezë

volské oko

vezë sy

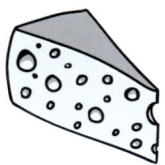

syr

djathë

zmrzlina

akullore

cukor

sheqer

med

mjaltë

lekvár

marmaladë

nugátová nátierka

çokokrem

karí korenie

këri

# farma
# fermë

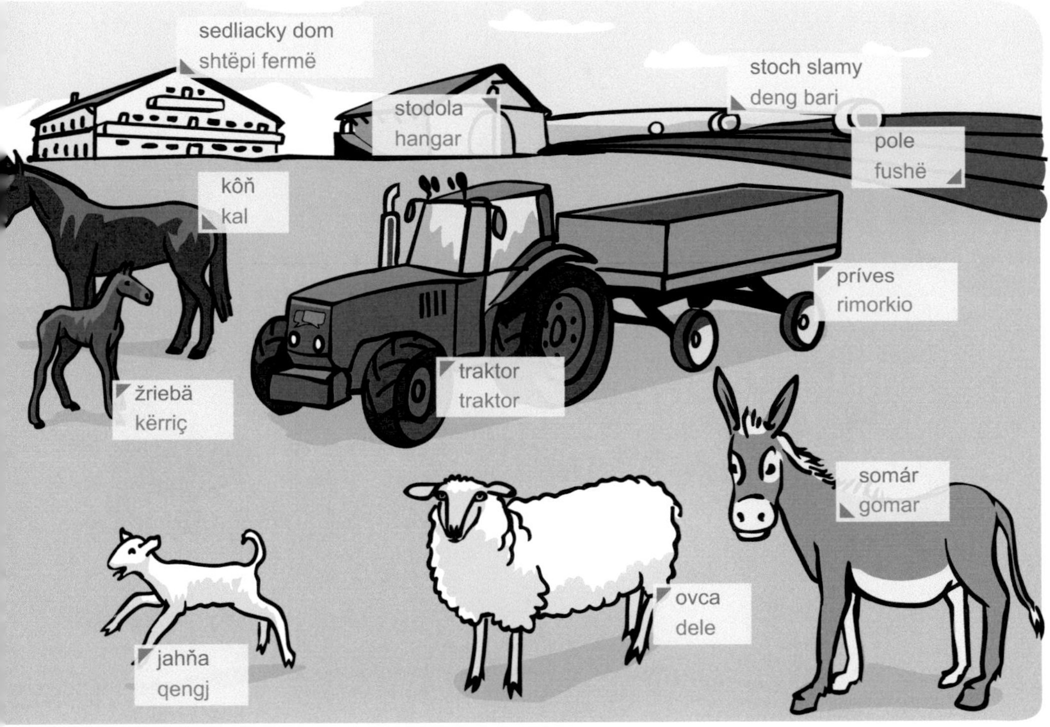
sedliacky dom
shtëpi fermë
stodola
hangar
stoch slamy
deng bari
pole
fushë
kôň
kal
príves
rimorkio
žriebä
kërriç
traktor
traktor
somár
gomar
ovca
dele
jahňa
qengj

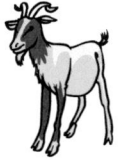

koza

dhi

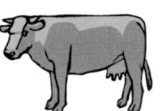

krava

lopë

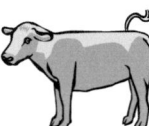

teľa

viç

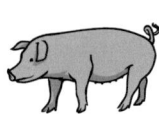

prasa

derr

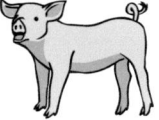

prasiatko

derrkuc

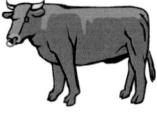

býk

dem

hus

patë

kačica

rosë

kuriatko

zog pule

sliepka

pulë

kohút

gjel

potkan

mi

mačka

mace

myš

mi

vôl

buall

pes

qen

psia búda

kolibe qeni

záhradná hadica

zorrë vaditëse

krhla

vaditëse

kosa

kosë

pluh

plug

kosák

drapër

motyka

shat

vidly na hnoj

kosa

sekera

sëpatë

fúrik

karrocë

koryto

govatë

kanva na mlieko

bidon qumështi

vrece

thes

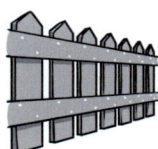

plot

gardh

maštaľ

ahur

skleník

serë

pôda

dhe

osivo

farë

hnojivo

pleh

kombajn

autokombanjë

žať
korr

žatva
te korrat

batát
patate e ëmbël "Yam"

pšenica
grurë

sója
soja

zemiak
patate

kukurica
misër

repka
raps

ovocný strom
pemë frutore

maniok
zhardhok manioku

obilie
drithëra

# dom
# shtëpi

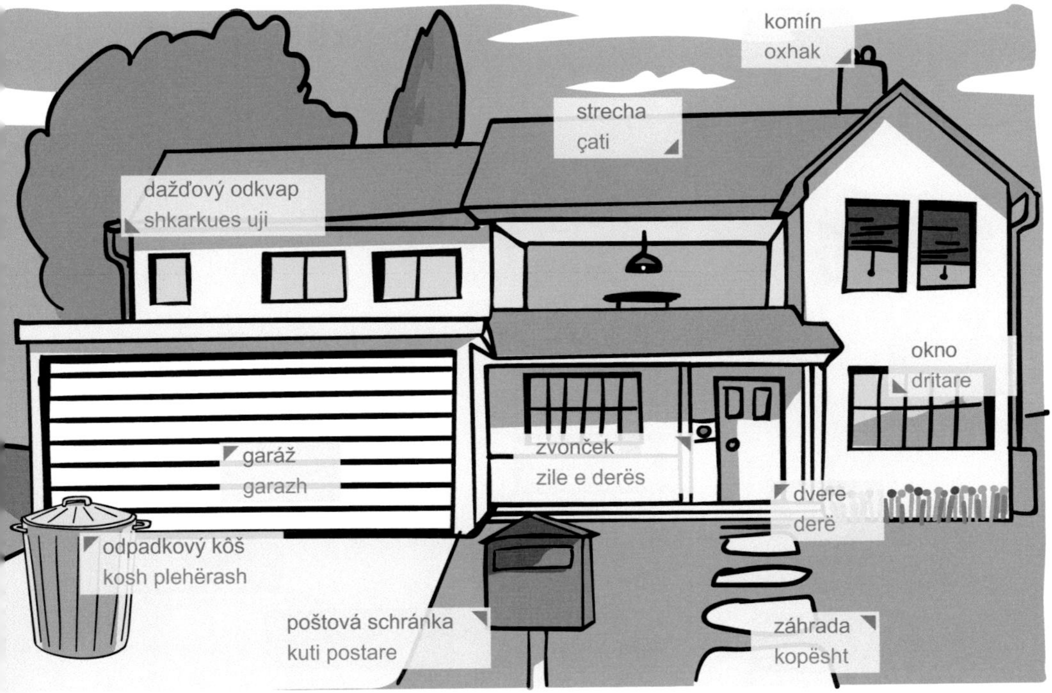
komín
oxhak
strecha
çati
dažďový odkvap
shkarkues uji
okno
dritare
zvonček
zile e derës
garáž
garazh
dvere
derë
odpadkový kôš
kosh plehërash
poštová schránka
kuti postare
záhrada
kopësht

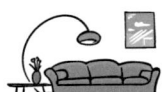

obývačka

dhomë ndenjeje

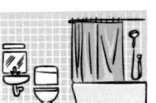

kúpeľňa

tualet

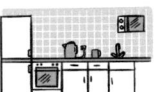

kuchyňa

kuzhinë

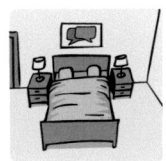

spálňa

dhomë gjumi

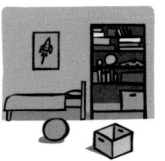

detská izba

dhomë fëmijësh

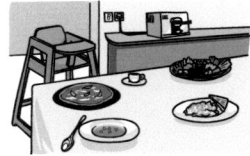

jedáleň

dhomë ngrënieje

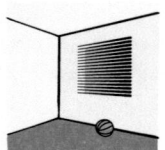

podlaha

dysheme

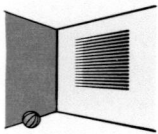

stena

mur

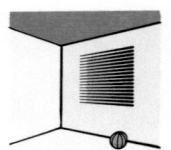

strop

tavan

pivnica

bodrum

sauna

sauna

balkón

ballkon

terasa

tarracë

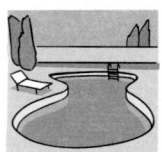

bazén

pishinë

kosačka

kositëse bari

obliečka

çarçaf

posteľná prikrývka

kuvertë

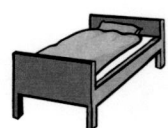

posteľ

krevat

metla

fshesë dore

vedro

kovë

vypínač

çelës

# obývačka
# dhomë ndenjeje

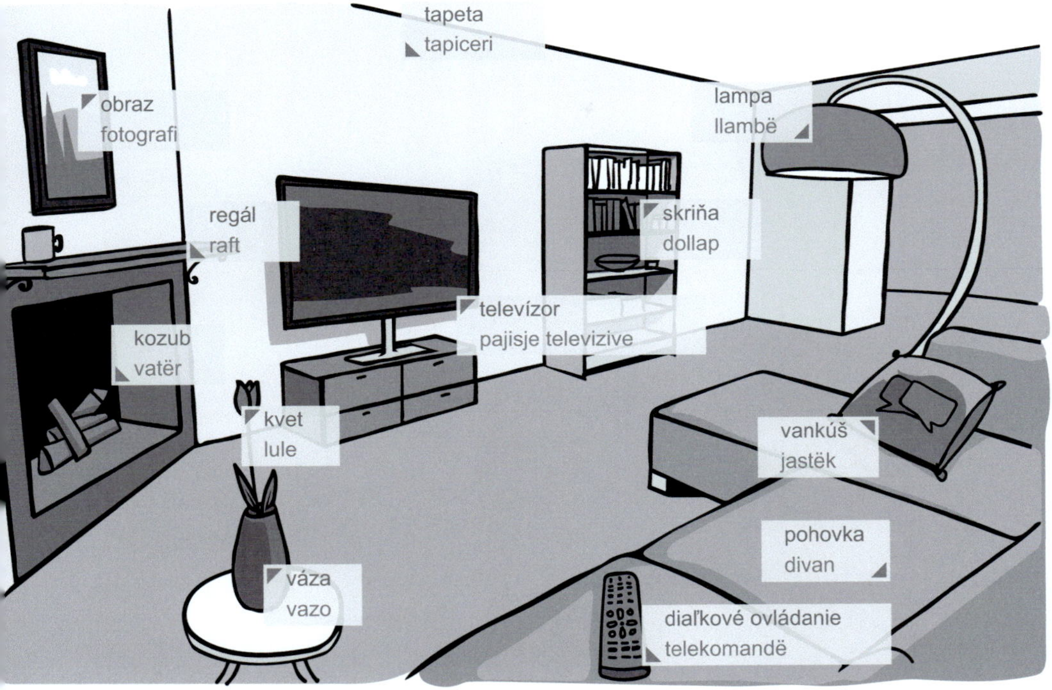
tapeta
tapiceri
obraz
fotografi
lampa
llambë
regál
raft
skriňa
dollap
televízor
pajisje televizive
kozub
vatër
kvet
lule
vankúš
jastëk
pohovka
divan
váza
vazo
diaľkové ovládanie
telekomandë

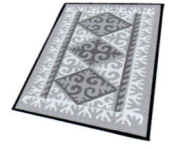

koberec
qilim

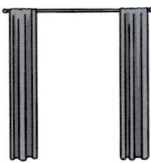

záclona
perde

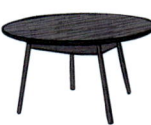

stôl
tavolinë

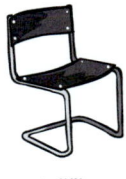

stolička
karrige

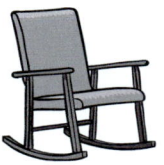

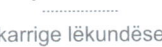

hojdacie kreslo
karrige lëkundëse

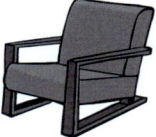

kreslo
kolltuk

kniha

libri

prikrývka

batanije

dekorácia

zbukurime

drevo na kúrenie

dru zjarri

film

film

hi-fi veža

stereo

kľúč

çelës

noviny

gazetë

maľba

pikturë

plagát

afishe

rádio

radio

zápisník

bllok shënimesh

vysávač

fshesë me korent

kaktus

kaktus

sviečka

qiri

# kuchyňa
## kuzhinë

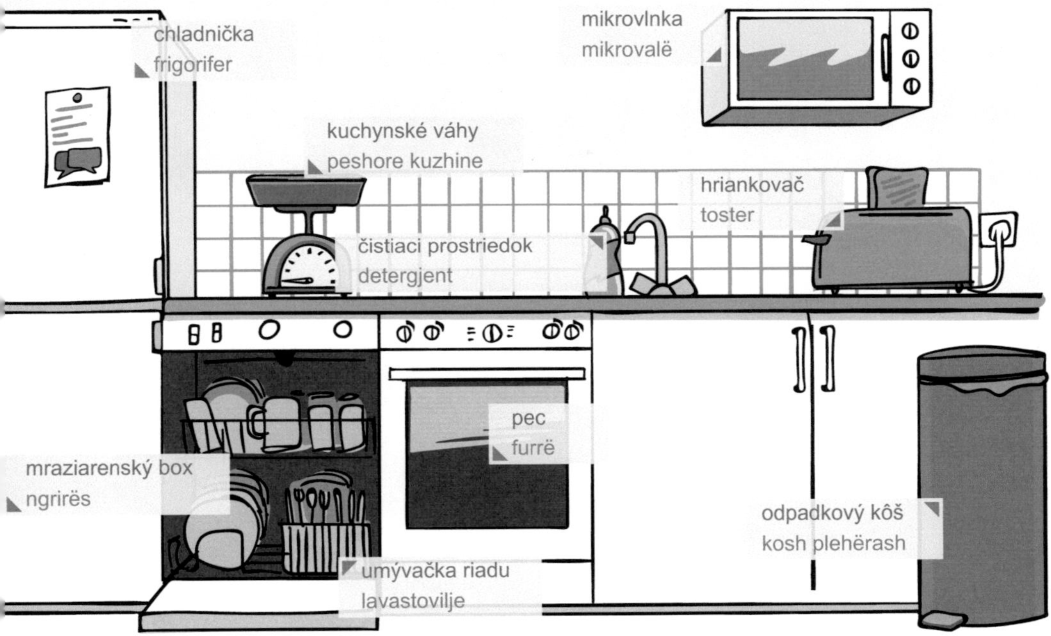

chladnička
frigorifer
mikrovlnka
mikrovalë
kuchynské váhy
peshore kuzhine
hriankovač
toster
čistiaci prostriedok
detergjent
pec
furrë
mraziarenský box
ngrirës
odpadkový kôš
kosh plehërash
umývačka riadu
lavastovilje


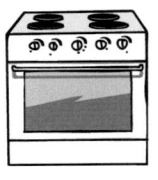

sporák
sobë

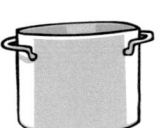

hrniec
tenxhere

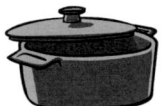

železný hrniec
tenxhere me kapak

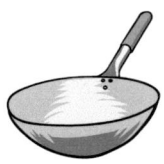

wok / kadai
tigan special (Wok)

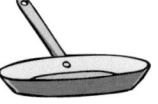

panvica
tigan

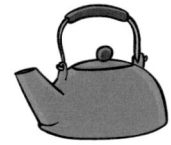

rýchlovarná kanvica
çajnik

parný hrniec

tenxhere me avull

plech na pečenie

tavë pjekjeje

riad

enë

pohár

filxhan

misa

tas

paličky

shkopinj

naberačka na polievku

garuzhde

stierka

spatul

metlička

tel kuzhine

cedidlo

kulluese

sitko

sitë

strúhadlo

rende

mažiar

havan

gril

skarë

ohnisko

zjarr

doska na krájanie

dërrasë për prerje

valček na cesto

okllai

vývrtka

heqëse tapash

konzerva

kanaçe

otvárač na konzervy

hapëse kanaçeje

chňapka

rrobë për të kapur tenxheren

výlevka

lavaman

kefa

furçë

hubka

sfungjer

mixér

përzjerës

mraznička

ngrirës

kojenecká fľaša

biberon për lëngje

vodovodný kohútik

rubinet

# kúpeľňa

# tualet

kúrenie
ngrohje
uterák
peshqirë
sprcha
dush
sprchový záves
perde dushi
pena do kúpeľa
vaskë me shkumë
vaňa
vaskë
pohár
gotë
práčka
lavatriçe
vodovodný kohútik
rubinet
dlaždice
pllaka
nočník
oturak
výlevka
lavaman

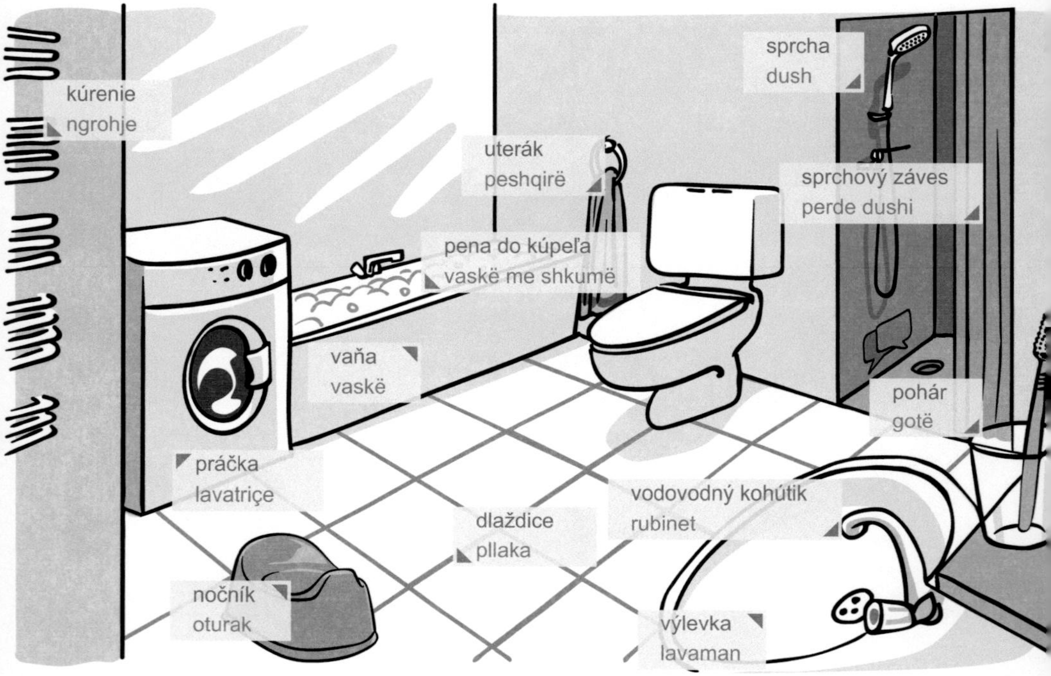

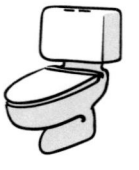

záchod

tualet

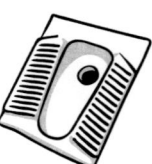

suchý záchod

WC e sheshtë

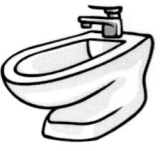

bidet

bide

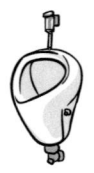

pisoár

tualet publik

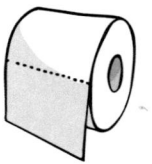

toaletný papier

letër higjienike

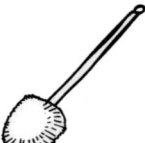

záchodová kefa

furçe për WC

zubná kefka

furçë dhëmbësh

zubná pasta

pastë dhëmbësh

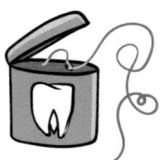

dentálna niť

fije dentare

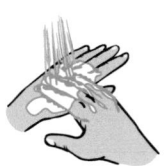

umývať

laj

ručná sprcha

dorezë dushi

sprcha pre intímnu hygienu

larës për zonën intime

umývadlo

legen

kefa na chrbát

furçë për masazh shpine

mydlo

sapun

sprchový gél

shampo trupi

šampón

shampo

frotírová rukavica

leckë pastruese

odtok

kullues

krém

krem

dezodorant

antidjersë

zrkadlo

pasqyrë

kozmetické zrkadlo

pasqyrë dore

žiletka

brisk rroje

pena na holenie

shkumë rroje

voda po holení

locion pas rrojes

hrebeň

krehër

kefa

furçë

sušič vlasov

tharëse flokësh

sprej na vlasy

llak për flokët

make-up

grim

rúž

buzëkuq

lak na nechty

manikyr

vata

mbushje pambuku

nožnice na nechty

gërshërë për thonj

parfum

parfum

kozmetická taška

antë për sendet personale

stolček

Stol

váha

peshore

kúpací plášť

robëdëshambër

gumové rukavice

dorashka gome

tampón

tampon

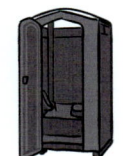

menštruačná vložka

peceta higjienike

chemické WC

tualet I lëvizshëm

# detská izba
# dhomë fëmijësh

budík
orë me zile
plyšová hračka
lodra me pellushë
hračkárske auto
makinë lodër
hrkálka
rraketake
domček pre bábiky
shtëpi kukullash
dar
dhuratë


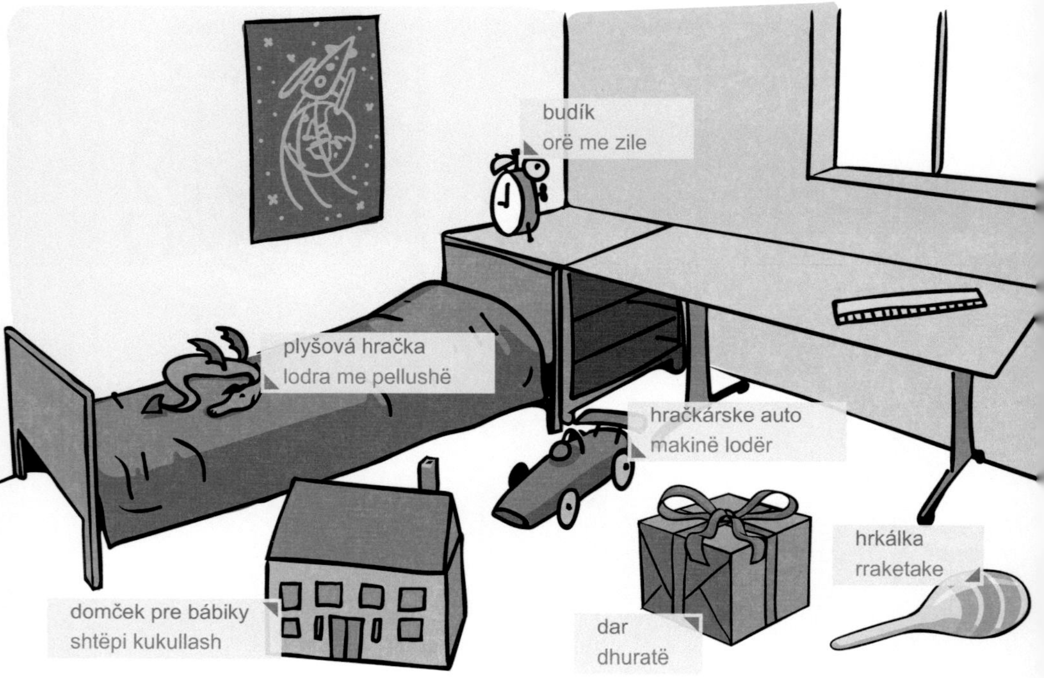

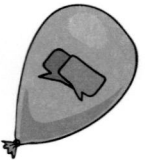

balón

tollumbace

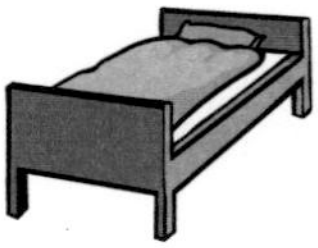

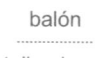

posteľ

krevat

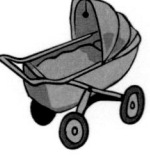

detský kočík

karrocë fëmijësh

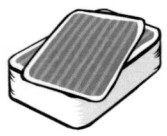

karty

lojë me letra

puzzle

bashkim pjesësh me figura

SUPER MEGA


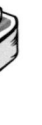

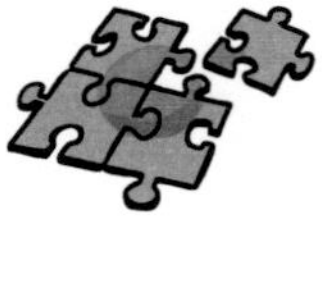

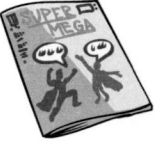

komix

komik

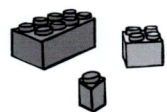

skladačka lego

formuese lodër

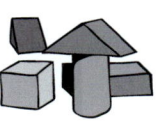

stavebnica

kuba plastikë

akčná postavička

lodra

dupačky

badi

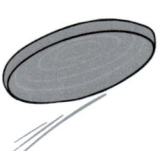

lietajúci tanier

frizbi

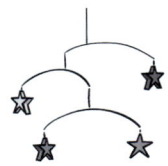

závesné hračky

lodra të varura tek krevati i fëmijëve

stolová hra

tavolinë lojërash

kocka

zare

modelový vláčik

model treni

cumlík

biberon

párty

festë

obrázková kniha

libër me ilustrime

lopta

top

bábika

kukull

hrať sa

luaj

pieskovisko

grumbull rëre

hojdačka

kolovarëse

hračky

lodra

hracia konzola

leva për lojra video

trojkolka

triçikël

medvedík

arush prej pellushi

šatník

garderobë

# šatstvo
## veshje

ponožky

çorape

pančuchy

çorape të gjata

pančuchové nohavičky

geta

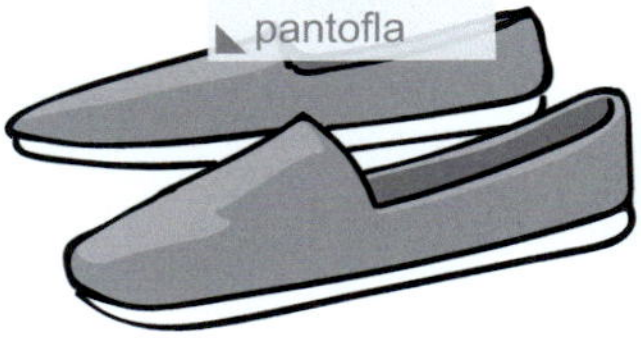

šál
shall

opasok
rrip

dáždnik
çadër

tričko
bluzë pa jakë

teniska
atlete

čižmy
çizme

papuče
pantofla

sandále
sandale

topánky
këpucë

gumáky
çizme llastiku

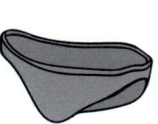

spodky
të mbathura

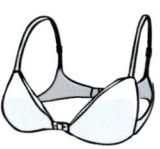

podprsenka
reçipeta

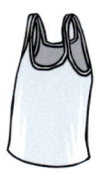

tielko
kanotierë

body
trup

nohavice
pantallona

džínsy
xhinse

sukňa
fund

blúzka
bluzë

košeľa
kёmishë

pulóver
pulovёr

sveter
triko

blejzer
xhaketë

bunda
xhaketë

kabát
pallto

pršiplášť
mushama shiu

kostým
kostum

šaty
fustan

svadobné šaty
fustan nusёrie

oblek

kostum

nočná košeľa

këmishë nate

pyžamo

pizhama

sari

sari (veshje tradicionale indiane)

šatka na hlavu

shami koke

turban

çallmë

burka

veshje për femrat e besimit musliman

kaftan

kaftan (lloj veshjeje tradicionale)

abaja

ferexhe

dvojdielne plavky

kostum banje

plavky

rroba banje

šortky

pantallona të shkurtra

tepláková súprava

tuta sporti

zástera

përparëse

rukavice

dorashka

gombík

kopsë

okuliare

syze

náramok

byzylyk

retiazka

gjerdan

prsteň

unazë

náušnica

vath

čiapka

kapuç

vešiak

varëse për pallto

klobúk

kapele

kravata

kravatë

zips

zinxhir

prilba

helmetë

traky

tiranda

školská uniforma

uniformë shkolle

uniforma

uniformë

podbradník

gushore

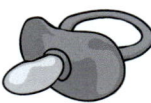

cumlík

biberon

plienka

pelenë

# kancelária
# zyrë

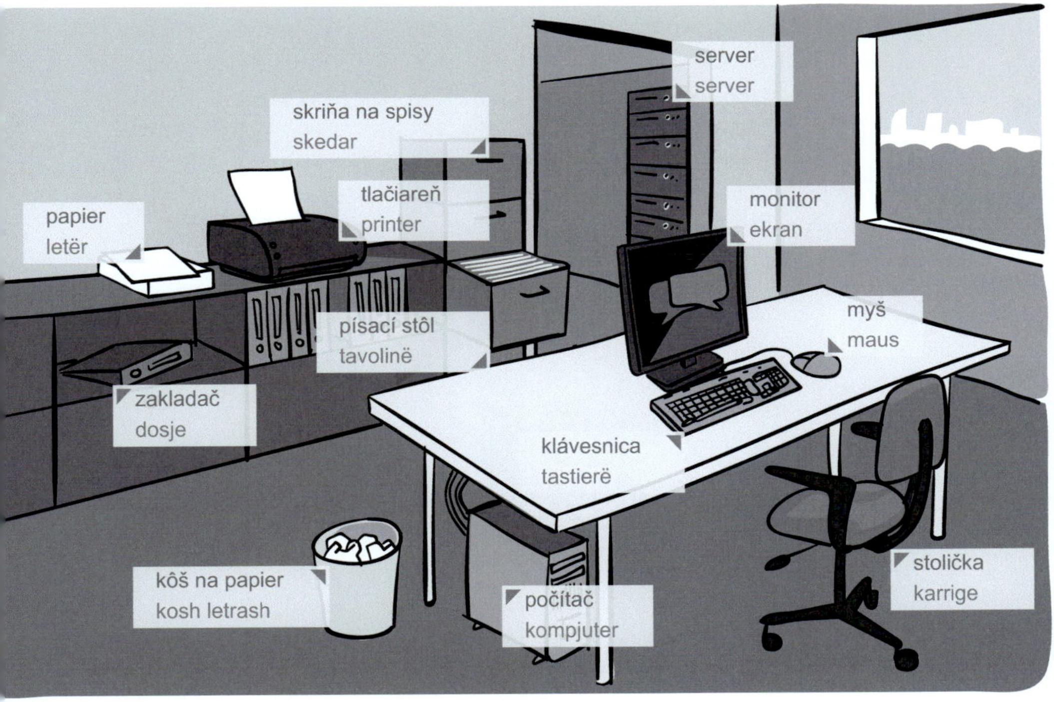

server

server

skriňa na spisy

skedar

tlačiareň

printer

monitor

ekran

papier

letër

písací stôl

tavolinë

myš

maus

zakladač

dosje

klávesnica

tastierë

kôš na papier

kosh letrash

počítač

kompjuter

stolička

karrige

hrnček na kávu

filxhan kafeje

kalkulačka

makinë llogaritëse

internet

internet

laptop

kompjuter portativ

list

letër

správa

mesazh

mobil

telefon

sieť

rrjet

kopírka

fotokopje

softvér

program

telefón

telefon

elektrická zásuvka

prizë

fax

pajisje faksi

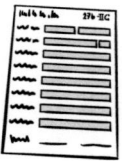

formulár

formular

doklad

dokument

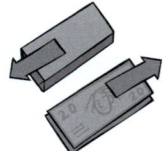

kúpiť

blej

platiť

paguaj

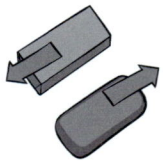

obchodovať

tregtoj

peniaze

para

dolár

dollar

euro

euro

jen

jen

rubeľ

rubla

švajčiarsky frank

franga zvicerane

čínsky jüan

juani kinez

rupia

rupje

bankomat

bankomat

zmenáreň

pikë këmbimi valutor

zlato

ar

striebro

argjend

ropa

nafta

energia

energji

cena

çmim

zmluva

kontratë

daň

taksë

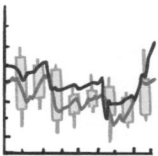

akcia

aksione

pracovať

punoj

zamestnanec

punonjës

zamestnávateľ

punëdhënës

továreň

fabrikë

obchod

dyqan

# povolania
# profesionet

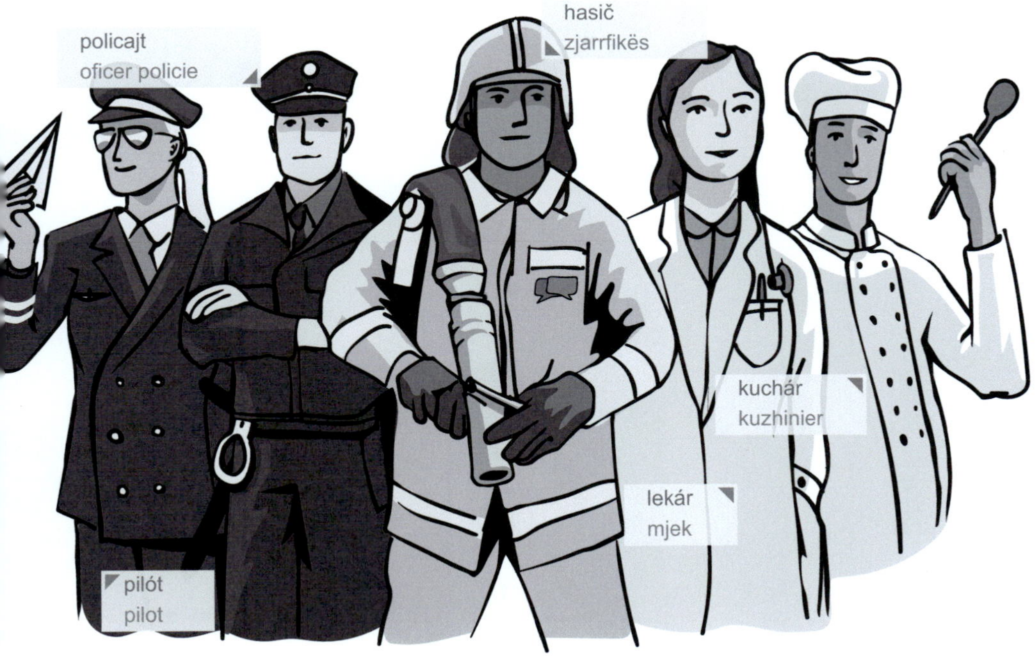

policajt
oficer policie
hasič
zjarrfikës
kuchár
kuzhinier
lekár
mjek
pilót
pilot


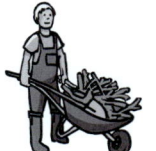

záhradník
kopshtar

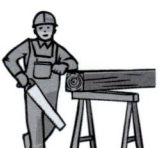

stolár
marangoz

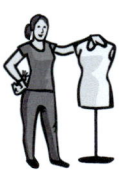

krajčírka
rrobaqepëse

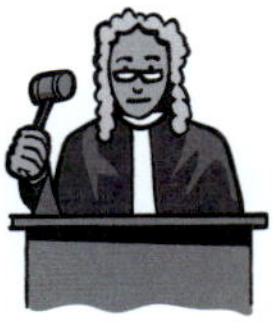

sudca
gjykatës

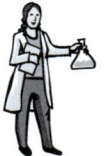

chemik
kimist

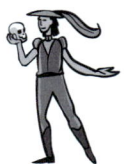

herec
aktor

vodič autobusu

shofer autobuzi

taxikár

taksist

rybár

peshkatar

upratovačka

pastruese

pokrývač

riparues çatish

čašník

kamarier

poľovník

gjuetar

maliar

piktor

pekár

furrxhi

elektrikár

elektriçist

stavebný robotník

ndërtues

inžinier

inxhinier

mäsiar

kasap

klampiar

hidraulik

poštár

postieri

vojak

ushtar

architekt

arkitekt

pokladník

arkëtar

kvetinár

luleshitës

kaderník

berber

sprievodca

kontrollor

mechanik

mekanik

kapitán

kapiten

zubár

dentist

vedec

shkencëtar

rabín

rabin

imám

imam

mních

murg

farár

klerik

# náradie
# mjete

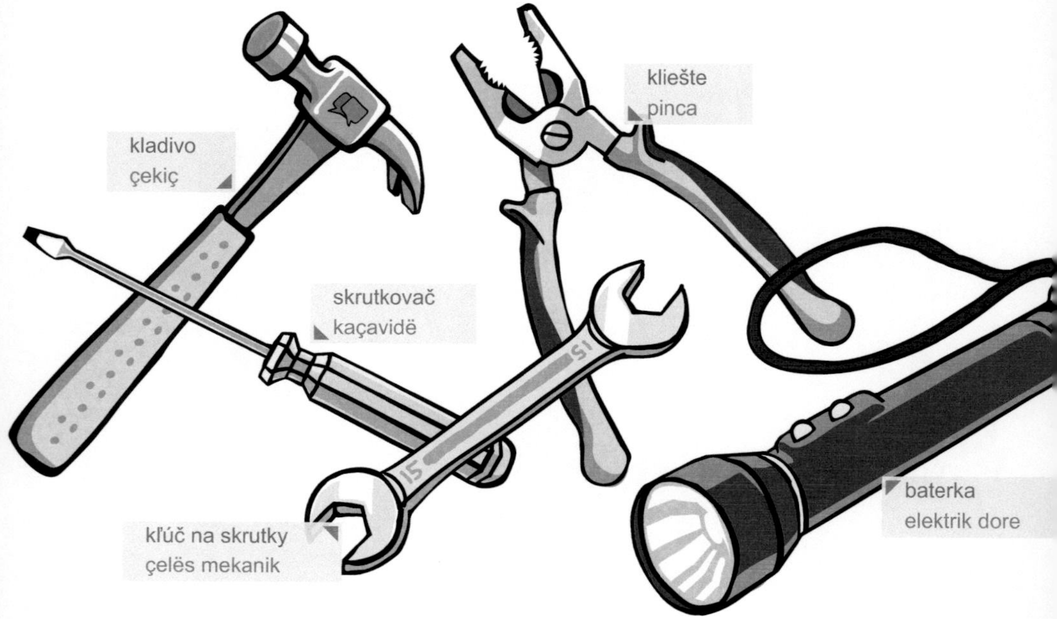
kladivo
çekiç
kliešte
pinca
skrutkovač
kaçavidë
kľúč na skrutky
çelës mekanik
baterka
elektrik dore

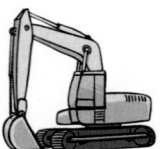

bager

ekskavator

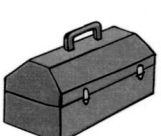

súprava náradia

kuti veglash

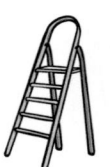

rebrík

shkallë

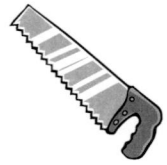

pílka

sharrë

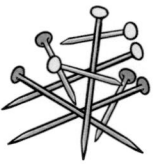

klince

gozhdë

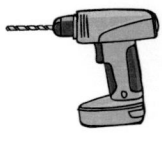

vrták

trapan

opraviť
riparoj

lopata
lopatë

Do čerta!
Dreq!

lopatka na smeti
kaci

nádoba s farbou
kuti boje

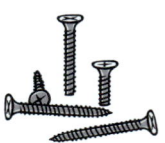

skrutky
vidhë

## hudobné nástroje
## instrumenta muzikorë

reproduktor
altoparlant

bicie
bateri

kontrabas
kontrabas

trúbka
trompë

gitara
kitare

klavír

piano

husle

violinë

basa

bas

tympany

tamburë

bubon

daulle

klávesnica

tastierë pianoje

saxofón

saksofon

flauta

flaut

mikrofón

mikrofon

# ZOO

## kopsht zoologjik

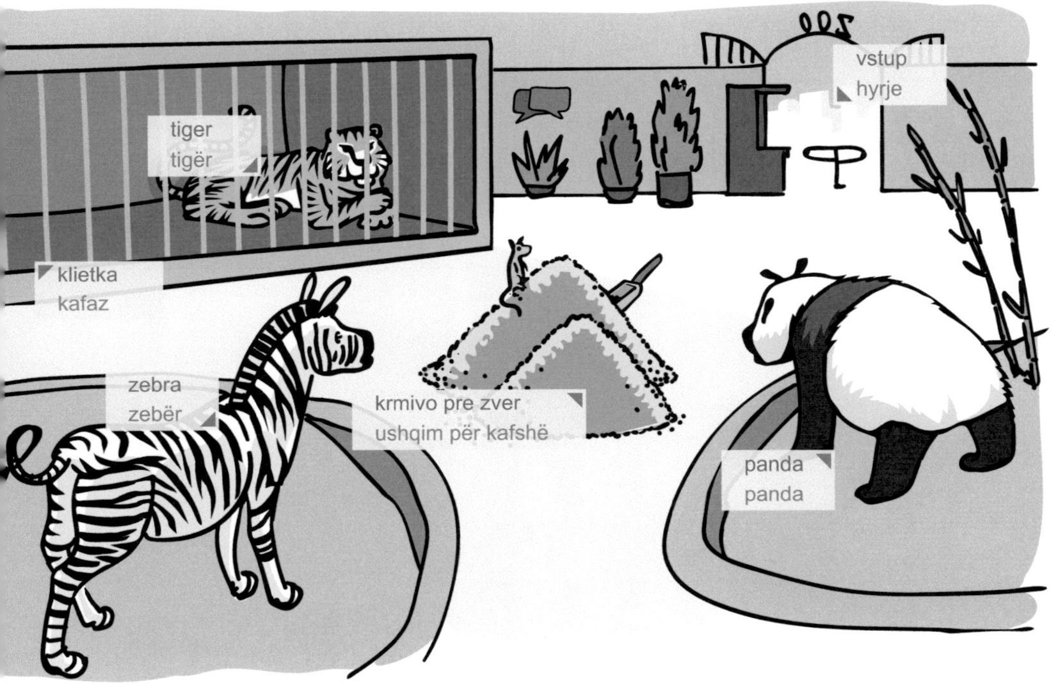

tiger
tigër
vstup
hyrje
klietka
kafaz
zebra
zebër
krmivo pre zver
ushqim për kafshë
panda
panda


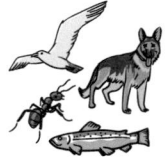

zvieratá

kafshë

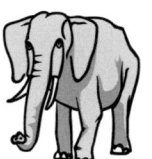

slon

elefant

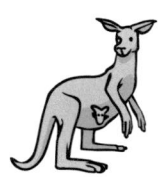

klokan

kangur

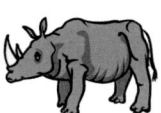

nosorožec

rinoceront

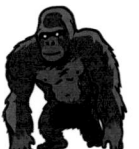

gorila

gorillë

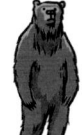

medveď

ari

ťava
deve

pštros
struc

lev
luan

opica
majmun

plameniak
flamingo

papagáj
papagall

ľadový medveď
ari polar

tučniak
pinguin

žralok
peshkaqen

páv
pallua

had
gjarpër

krokodíl
krokodil

ošetrovateľ v ZOO
punonjës i kopshtit zoologjik

tuleň
fokë

jaguár
xhaguar

poník

poni

leopard

leopard

hroch

hipopotam

žirafa

gjirafë

orol

shqiponjë

diviak

derr i egër

ryba

peshk

korytnačka

breshkë

mrož

lopë deti

líška

dhelpër

gazela

gazelë

americký futbal
futboll amerikan

cyklistika
çiklizëm

tenis
tenis

basketbal
basketboll

plávanie
not

box
boks

hokej
hokej mbi akull

futbal
futboll

bedminton
badminton

ľahká atletika
atletikë

hádzaná
hendboll

lyžovanie
ski

pólo
polo

skočiť
hidhem

objať
përqafoj

smiať sa
qesh

chodiť
eci

spievať
këndoj

snívať
ëndërroj

modliť sa
lutem

pobozkať
puth

písať
shkruaj

kresliť
vizatoj

ukázať
tregoj

tlačiť
shtyj

dať
jap

brať
marr

mať
kam

robiť
bëj

byť
jam

stáť
qëndroj

bežať
vrapoj

ťahať
tërheq

hádzať
hedh

padnúť
bie

ležať
shtrihem

čakať
pres

nosiť
mbaj

sedieť
ulem

obliecť sa
vishem

spať
fle

zobudiť sa
zgjohem

pozerať

shikoj

plakať

qaj

hladkať

përkëdhel

česať

kreh

hovoriť

bisedoj

rozumieť

kuptoj

pýtať sa

kërkoj

počuť

dëgjoj

piť

pi

jesť

ha

upratať

sistemoj

milovať

dashuroj

variť

gatuaj

jazdiť

drejtoj makinën

letieť

fluturoj

plachtiť

lundroj

počítať

llogaris

čítať

lexoj

učiť sa

mësoj

pracovať

punoj

oženiť

martohem

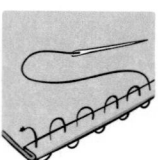

šiť

qep

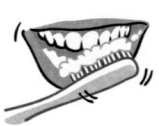

čistiť zuby

laj dhëmbët

zabiť

vras

fajčiť

tymos

poslať

dërgoj

# rodina
# familje

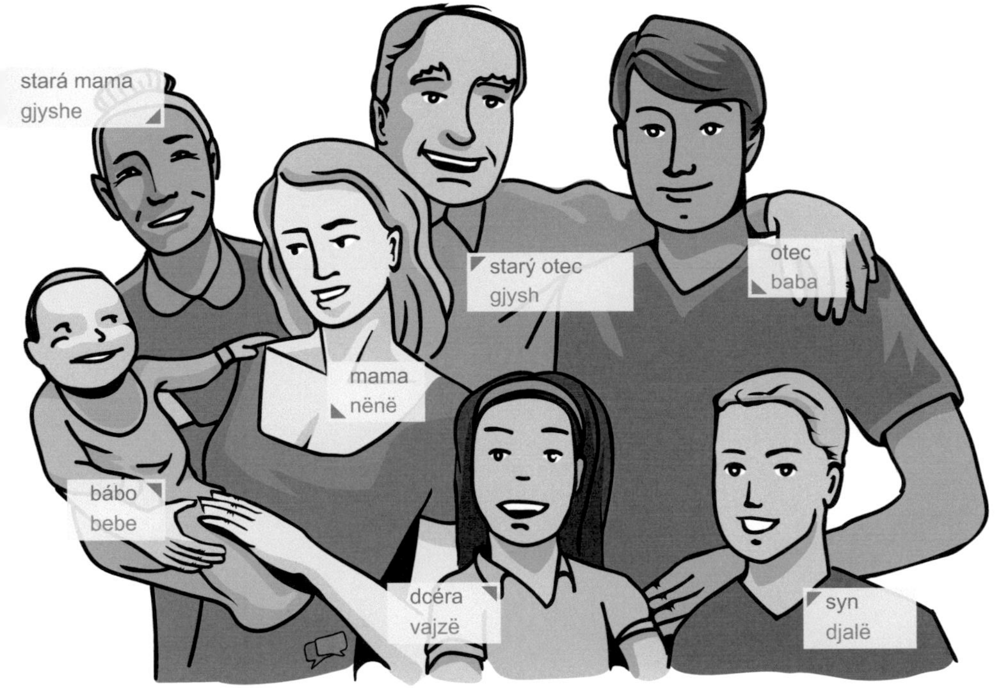
stará mama
gjyshe
starý otec
gjysh
otec
baba
mama
nënë
bábo
bebe
dcéra
vajzë
syn
djalë

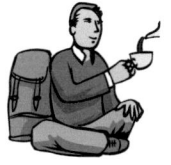

hosť

mysafir

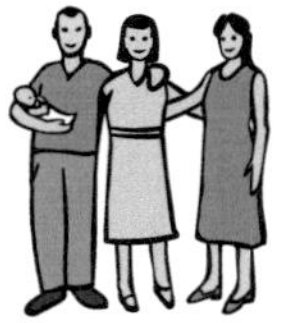

teta

teze, hallë

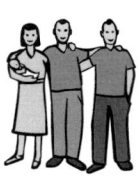

strýko

dajë, xhaxha

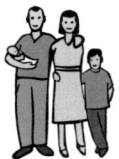

brat

vëlla

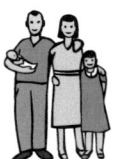

sestra

motër

# telo
## trupi

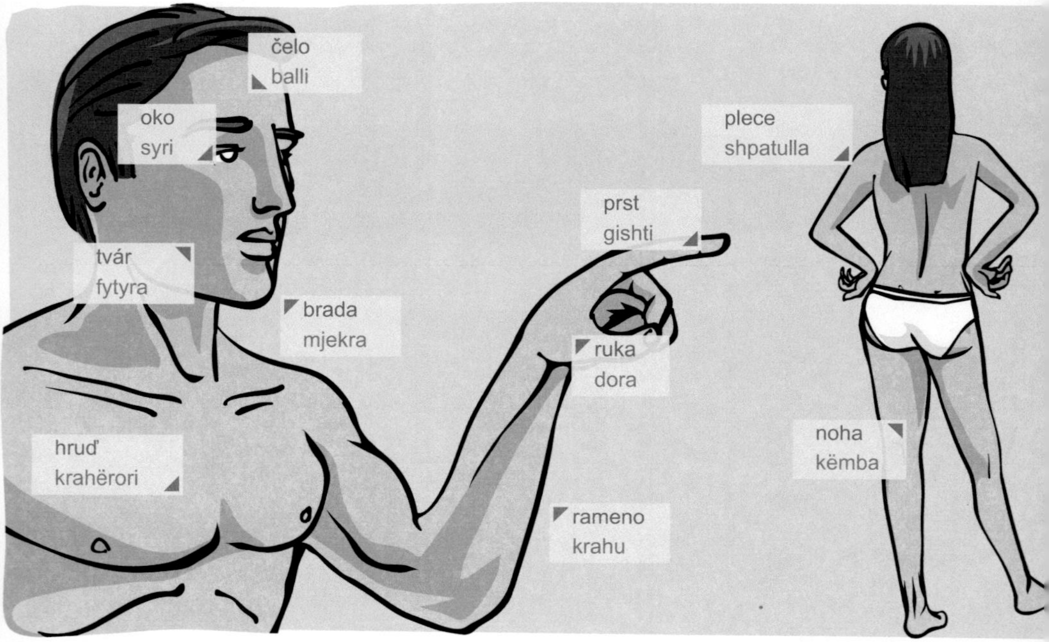

čelo
balli

oko
syri

plece
shpatulla

prst
gishti

tvár
fytyra

brada
mjekra

ruka
dora

hruď
krahërori

noha
këmba

rameno
krahu

bábo
bebe

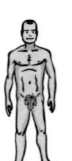

muž
burrë

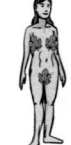

žena
grua

dievča
vajzë

chlapec
djalë

hlava
koka

chrbát

shpina

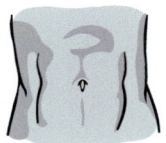

brucho

barku

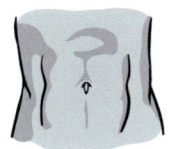

pupok

kërthiza

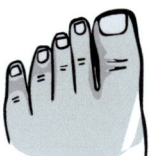

prst na nohe

gisht këmbe

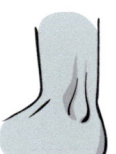

päta

Thembra

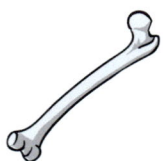

kosť

kockë

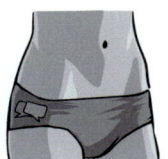

bok

legeni

koleno

gjuri

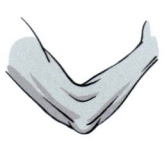

lakeť

bërryli

nos

hunda

zadok

vithe

koža

lëkura

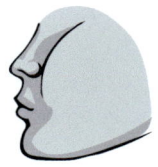

líce

faqja

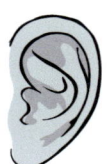

ucho

veshi

pery

buza

ústa

goja

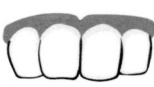

zub

dhëmbët

jazyk

gjuha

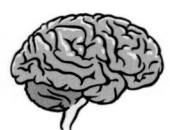

mozog

truri

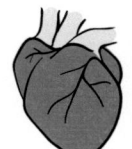

srdce

zemra

svaly

muskul

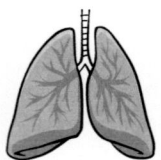

pľúca

mushkëria

pečeň

mëlçia

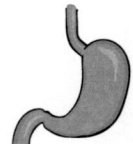

žalúdok

stomaku

obličky

veshka

pohlavný styk

seks

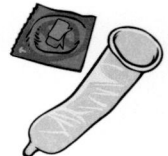

kondóm

prezervativ

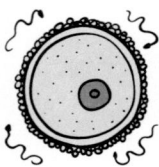

vaječná bunka

veza

semeno

sperma

tehotenstvo

shtatëzani

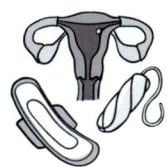

menštruácia

menstruacione

vagína

vagina

penis

penis

obočie

vetulla

vlasy

flokët

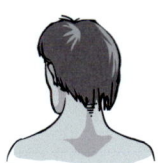

krk

qafa

# nemocnica

# spital

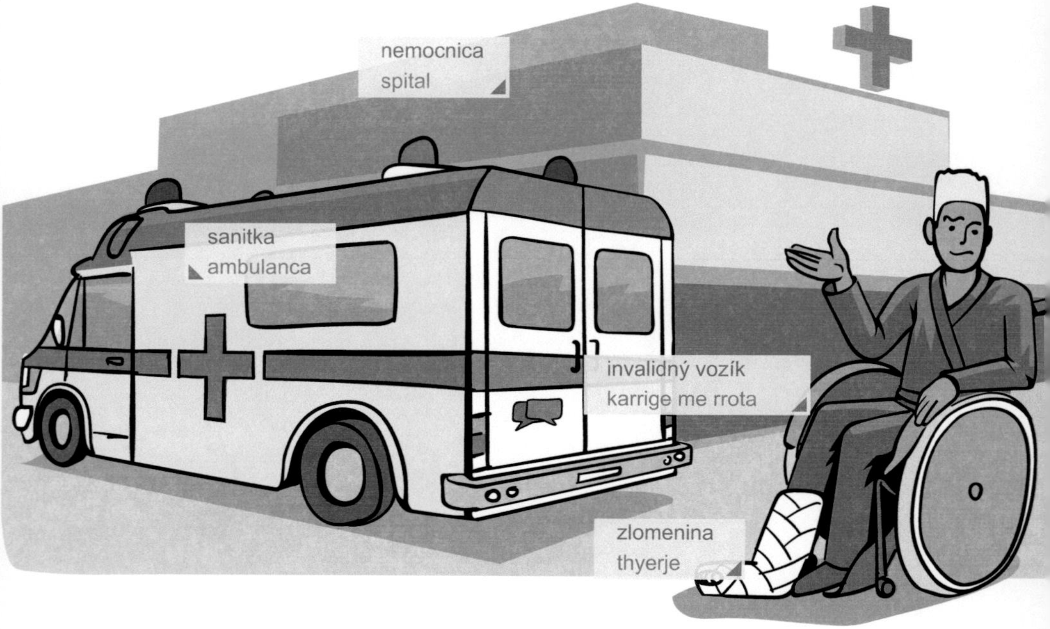

nemocnica
spital
sanitka
ambulanca
invalidný vozík
karrige me rrota
zlomenina
thyerje

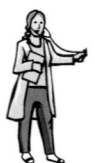

lekár

mjek

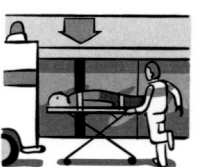

urgentný príjem

sallë urgjencash

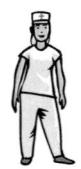

sestrička

infermiere

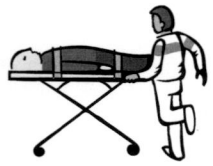

urgentný prípad

emergjencë

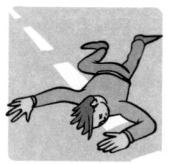

v bezvedomí

i pandërgjegjshëm

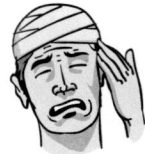

bolesť

dhimbje

zranenie

dëmtim

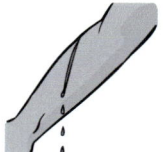

krvácanie

gjakosje

srdcový infarkt

infarkt

mozgová porážka

goditje

alergia

alergji

kašeľ

kolla

teplota

ethe

chrípka

grip

hnačka

diarre

bolesť hlavy

dhimbje koke

rakovina

kancer

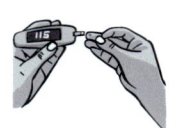

cukrovka

diabet

chirurg

kirurg

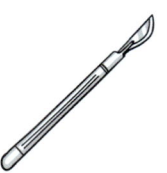

skalpel

bisturi

operácia

operacion

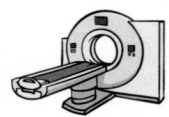

CT

CT (skaner)

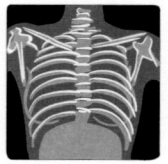

RTG

radiografi

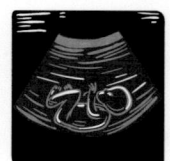

ultrazvuk

ultratingull

maska

maskë fytyre

choroba

sëmundje

čakáreň

dhomë pritjeje

barla

paterica

náplasť

leukoplast

obväz

fasho

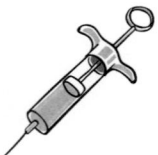

injekcia

injeksion

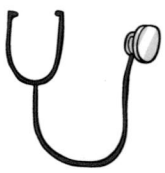

fonendoskop

stetoskop

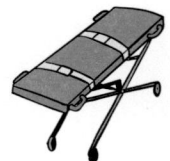

nosidlá

barelë

teplomer

termometër

pôrod

lindje

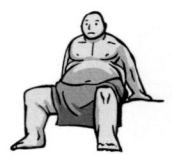

nadváha

mbipeshë

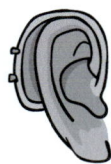

audiofón

aparat dëgjimi

dezinfekčný prostriedok

dezinfektant

infekcia

infeksion

vírus

virus

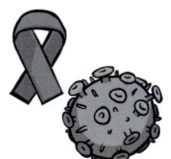

HIV / AIDS

HIV / AIDS

medicína

mjekësi, mjekim

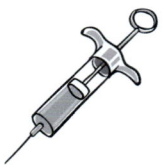

očkovanie

vaksinim

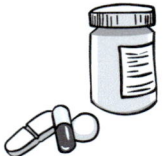

tabletky

tableta

antikoncepčná pilulka

pilulë

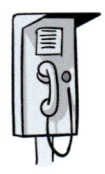

tiesňové volanie

telefonatë emergjence

tlakomer

aparat tensioni

chorý / zdravý

i sëmurë / i shëndetshëm

Pomoc!

Ndihmë!

alarm

alarm

prepad

sulm

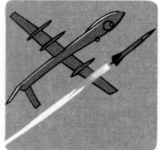

útok

atak

nebezpečenstvo

rrezik

núdzový východ

dalje emergjence

Horí!

Zjarr!

hasičský prístroj

fikëse zjarri

nehoda

aksident

kufrík prvej pomoci

kuti e ndimës së shpejtë

SOS

SOS

polícia

policia

Európa

Europa

Severná Amerika

Amerika e Veriut

Južná Amerika

Amerika e Jugut

Afrika

Afrika

Ázia

Azia

Austrália

Australia

Atlantický oceán

Atlantiku

Tichý oceán

Paqësori

Indický oceán

Oqeani Indian

Južný oceán

Oqeani Antarktik

Severný ľadový oceán

Oqeani Arktik

Severný pól

Poli i veriut

Južný pól

Poli i Jugut

Antarktída

Antarktida

Zem

toka

krajina

tokë

more

det

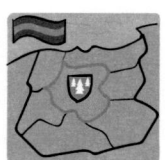

ostrov

ishull

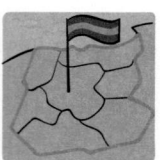

národ

komb

štát

shtet

ciferník

fusha e orës

hodinová ručička

akrepi i orës

minútová ručička

akrepi i minutave

sekundová ručička

akrepi i sekondave

Koľko je hodín?

Sa është ora?

deň

ditë

čas

kohë

teraz

tani

digitálne hodiny

orë dixhitale

minúta

minutë

hodina

orë

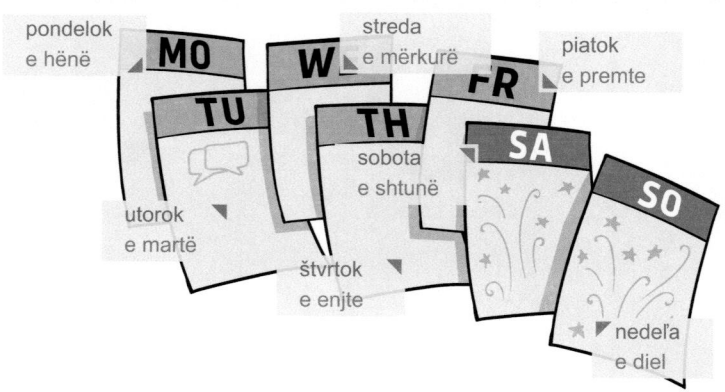

pondelok
e hënë

streda
e mërkurë

piatok
e premte

utorok
e martë

štvrtok
e enjte

sobota
e shtunë

nedeľa
e diel

včera

dje

dnes

sot

zajtra

nesër

ráno

mëngjes

poludnie

mesditë

večer

mbrëmje

| MO | TU | WE | TH | FR | SA | SU |
|----|----|----|----|----|----|----|
| 1  | 2  | 3  | 4  | 5  | 6  | 7  |
| 8  | 9  | 10 | 11 | 12 | 13 | 14 |
| 15 | 16 | 17 | 18 | 19 | 20 | 21 |
| 22 | 23 | 24 | 25 | 26 | 27 | 28 |
| 29 | 30 | 31 | 1  | 2  | 3  | 4  |

pracovné dni

ditë pune

| MO | TU | WE | TH | FR | SA | SU |
|----|----|----|----|----|----|----|
| 1  | 2  | 3  | 4  | 5  | 6  | 7  |
| 8  | 9  | 10 | 11 | 12 | 13 | 14 |
| 15 | 16 | 17 | 18 | 19 | 20 | 21 |
| 22 | 23 | 24 | 25 | 26 | 27 | 28 |
| 29 | 30 | 31 | 1  | 2  | 3  | 4  |

víkend

fundjavë

dúha
ylber

dážď
shi

sneh
borë

vietor
erë

jar
pranverë

jeseň
vjeshtë

leto
verë

zima
dimër

| | | |
|---|---|---|
| 4.APRIL | 11° | ☀ |
| 5.APRIL | 4° | ☂ |
| 6.APRIL | 13° | ☂ |
| 7.APRIL | 8° | ☀ |
| 8.APRIL | 10° | ☀ |

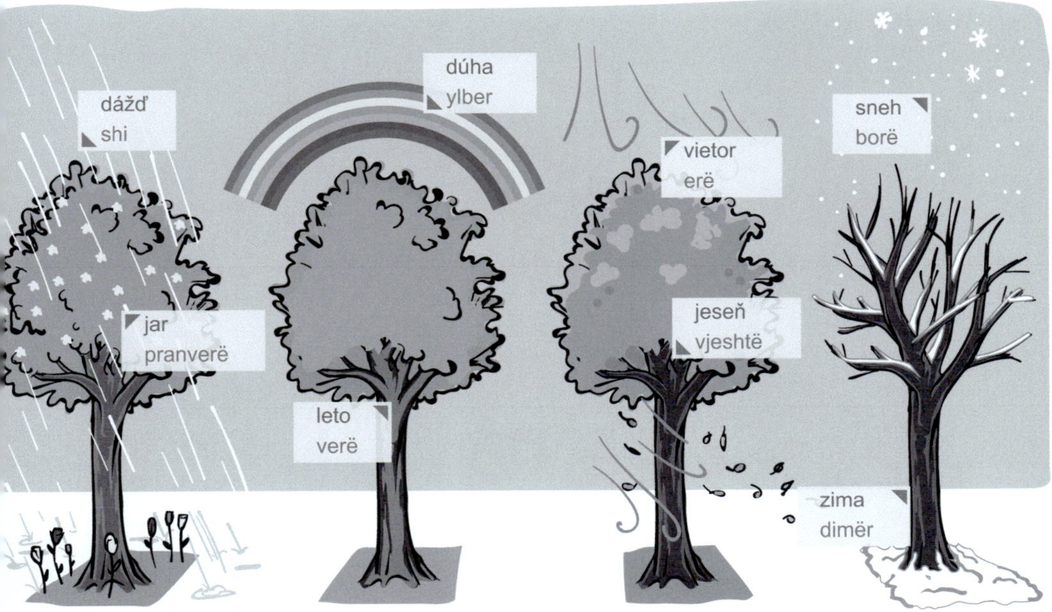

predpoveď počasia

parashikimi i motit

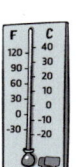

teplomer

termometër

slnečný svit

ndriçim dielli

oblak

re

hmla

mjegull

vlhkosť vzduchu

lagështi

blesk

vetëtima

hrom

gjëmim

búrka

stuhi

krúpy

breshër

monzún

muson

záplava

përmbytje

ľad

akull

január

janar

február

shkurt

marec

mars

apríl

prill

máj

maj

jún

qershor

júl

korrik

august

gusht

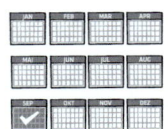

september
shtator

október
tetor

november
nëntor

december
dhjetor

## tvary
## forma

kruh
rreth

štvorec
katror

obdĺžnik
drejtkëndësh

trojuholník
trekëndësh

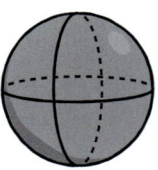

guľa
sferë

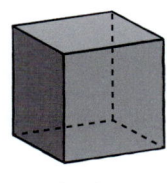

kocka
kub

biela

e bardhë

žltá

e verdhë

oranžová

portokalli

ružová

rozë

červená

e kuqe

fialová

vjollcë

modrá

blu

zelená

e gjelbër

hnedá

kafe

šedá

gri

čierna

e zezë

veľa / málo

shumë / pak

zúrivý / pokojný

i nevrikosur / i qetë

pekný / škaredý

i bukur / i shëmtuar

začiatok / koniec

fillim / fund

veľký / malý

i madh / i vogël

svetlý / tmavý

i ndritshëm / i errët

brat / sestra

vëlla / motër

čistý / špinavý

e pastër / e pistë

úplný / neúplný

e plotë / jo e plotë

deň / noc

ditë / natë

mŕtvy / živý

gjallë / vdekur

široký / úzky

i gjerë / i ngushtë

chutný / nechutný

i ngrënshëm / i pangrënshëm

zlostný / láskavý

i keq / i këndshëm

vzrušený / unudený

i lumtur / i mërzitur

tlstý / chudý

i shëndoshë / i dobët

prvý / posledný

e para / e fundit

priateľ / nepriateľ

mik / armik

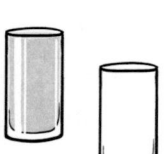

plný / prázdny

plot / bosh

tvrdý / mäkký

e fortë / e butë

ťažký / ľahký

e rëndë / e lehtë

hlad / smäd

uri / etje

chorý / zdravý

i sëmurë / i shëndetshëm

nelegálny / legálny

e paligjshme / e ligjshme

inteligentný / hlúpy

i zgjuar / budalla

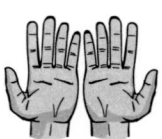

vľavo / vpravo

majtas / djathtas

blízko / ďaleko

afër / larg

nový / použitý

e re / e përdorur

nič / niečo

asgjë / diçka

starý / mladý

i moshuar / i ri

zapnuté / vypnuté

ndezur / fikur

otvorené / zatvorené

hapur / mbyllur

tichý / hlasný

i qetë / i zhurmshëm

bohatý / chudobný

i pasur / i varfër

správne / nesprávne

e drejtë / e gabuar

drsný / hladký

i ashpër / i butë

smutný / šťastný

i mërzitur / i lumtur

krátky / dlhý

i shkurtër / i gjatë

pomaly / rýchlo

ngadalë / shpejt

mokrý / suchý

i lagësht / i thatë

teplý / studený

ngrohtë / freskët

vojna / mier

luftë / paqe

**0**

nula
...............
zero

**1**

jeden
...............
një

**2**

dva
...............
dy

**3**

tri
...............
tre

**4**

štyri
...............
katër

**5**

päť
...............
pesë

**6**

šesť
...............
gjashtë

**7**

sedem
...............
shtatë

**8**

osem
...............
tetë

**9**

deväť
...............
nentë

**10**

desať
...............
dhjetë

**11**

jedenásť
...............
njëmbëdhjetë

**12**

dvanásť

dymbëdhjetë

**13**

trinásť

trembëdhjetë

**14**

štrnásť

katërmbëdhjetë

**15**

pätnásť

pesëmbëdhjetë

**16**

šestnásť

gjashtëmbëdhjetë

**17**

sedemnásť

shtatëmbëdhjetë

**18**

osemnásť

tetëmbëdhjetë

**19**

devätnásť

nentëmbëdhjetë

**20**

dvadsať

njëzetë

**100**

sto

qind

**1.000**

tisíc

mijë

**1.000.000**

milión

milion

angličtina

anglisht

americká angličtina

anglishte amerikane

mandarínska čínština

kinezisht mandarin

hindčina

hindi

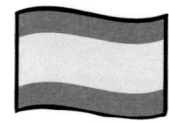

španielčina

spanjisht

francúzština

frëngjisht

arabčina

arabisht

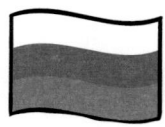

ruština

rusisht

portugalčina

portugalisht

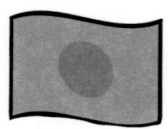

bengálčina

bengalisht

nemčina

gjermanisht

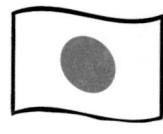

japončina

japonisht

ja
une

ty
ti

♂ ♀ ○

on/ona/ono
ai / ajo

my
ne

vy
ju

oni
ata

kto?
kush?

čo?
çfarë?

ako?
si?

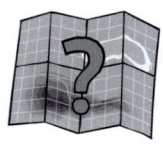

kde?
ku?

kedy?
kur?

meno
emër

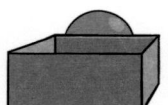

za

pas

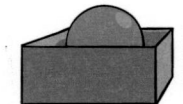

v

në

pred

përballë

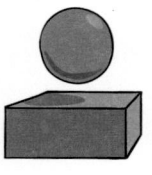

nad

sipër

na

mbi

pod

poshtë

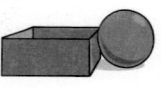

vedľa

pranë

medzi

midis

miesto

vend